Ânimo!

24ª edição – Janeiro de 2024

Coordenação editorial
Ronaldo A. Sperdutti

Revisão
Vanessa Munhoz

Capa e projeto gráfico
Juliana Mollinari

Diagramação
Juliana Mollinari

Assistente editorial
Ana Maria Rael Gambarini

Impressão
Plenaprint gráfica

Proibida a reprodução total ou parcial desta obra sem prévia autorização da editora.

© 2021-2024 by Boa Nova Editora.

Av. Porto Ferreira, 1031
Parque Iracema
CEP 15809-020
Catanduva-SP
17 3531.4444

www.**boanova**.net
boanova@boanova.net

LOURIVAL LOPES

Ânimo!

Dados Internacionais de Catalogação na Publicação (CIP)
(Câmara Brasileira do Livro, SP, Brasil)

Lopes, Lourival
  Ânimo! / Lourival Lopes. -- 1. ed. -- Catanduva,
SP : Editora Otimismo, 2021.

  ISBN 978-85-86524-87-5

  1. Espiritismo 2. Meditação 3. Mensagens
4. Orações 5. Reflexões I. Título.

21-83284   CDD-242.2

Índices para catálogo sistemático:

1. Meditações 242.2

Maria Alice Ferreira - Bibliotecária - CRB-8/7964

Impresso no Brasil – Printed in Brazil
24-01-24-10.000-18.000

"Levanta-te e anda"
Jesus

Leitor amigo,
Leitora amiga:

Sempre acreditei que uma palavra de otimismo, por mais tímida que seja, opera mudanças em quem apresenta disposição para aceitá-la. Quando, então, é forte e ajustada à situação de quem a recebe, maior o resultado transformador.

Cabe, a propósito, lembrar o paralítico de Cafarnaum quando ouviu, da boca do Divino Mestre, as palavras: "levanta-te e anda", Mt. 9:6. Jesus não queria que, mesmo curado, ele continuasse com os hábitos antigos, de paralítico.

E ele se levantou, tomou a sua cama e foi para casa.

Que poder nas celestes palavras!

Mas, ainda hoje, quantas pessoas, mesmo sãs, estão paralisadas e infelizes, porque não se dispõem a levantar e andar?

Quantas as que, mesmo podendo viver bem, permanecem "entrevadas ou engessadas", sem que as palavras de ânimo lhes perpassem o coração?

Se há as que são assim, outras, no entanto, com uma só palavra de estímulo se transformam e tomam bom sentido.

Para essas pessoas, as que querem "se levantar e andar" e vencer, é que escrevi este livro, mediante a inspiração que Deus me deu.

Faço-o com grande alegria, pois muito me toca o coração colaborar para que acreditem em si mesmas e em Deus, fortaleçam-se na adversidade e olhem o futuro com esperança.

Quando isso acontece, realizo-me.

Cabe aqui, ainda, o vigoroso ensinamento de Jesus, ao afirmar: "(...) no mundo tereis aflições, mas tende bom ânimo". Mostra-se, Ele próprio, como exemplo do poder do ânimo, ao acrescentar: "(...) eu venci o mundo" (Jo. 16:33).

De fato, a consequência do ânimo é a vitória. Daí se conclui que uma vida bem sucedida é a que obedece a um bom ânimo. E como na vida existem momentos, esses devem ser preenchidos com boa disposição e esperança.

Entrego-te o livro e rogo a Deus infinitas bênçãos sobre todos nós.

Um abraço.

Lourival Lopes

Ter um bom dia

Mesmo que te surjam contratempos, afirma hoje, com convicção:

"Este dia é bom. Nele vejo condições de bem pensar e agir. Cada hora, cada minuto, é abençoado e precioso. Deus, que me vê e protege, dá-me este dia para que eu progrida e seja feliz. Assim, farei das dificuldades um caminho para o meu equilíbrio, do nervosismo um meio de

obter a calma e das desaven-
ças uma força para a paz. Es-
tou pronto para amar, des-
cobrir soluções e conviver
com pessoas difíceis."

Dize isso para ti, pois, se dependes dos dias e das suas ocorrências, mais eles dependem de ti e são como sejas ou faças.

O dia é tua fisionomia.

O dia é bom para quem é bom para si mesmo.

Guardar o que é bom

Marca os dias em que te acontece um bem e esquece os desagradáveis.

Pensa em progredir, em te realizar, em ser feliz e aproveita o minuto de agora, o ensejo que se apresenta, abandonando as ideias negativas.

O que é bom está vindo para ti.

Sê, por ti mesmo, o agente poderoso de tua transformação. Olha para dentro, em volta e acima, e vê que tudo espera de ti uma tomada de posição, um querer positivo, um balanço do que és e do que fazes. Não te assustes contigo mesmo.

Constrói uma personalidade rica, sólida e alegre. Sê disposto e sempre encontrarás quem se afina contigo.

A felicidade é de quem realmente quer ser feliz.

Aproveitar os momentos

Vê pelo lado positivo a contrariedade, o engarrafamento monstruoso, a espera no hospital, a solução que não vem, a promoção que tarda e tudo o mais que te contraria.

Nesses instantes, que gostarias fossem diferentes, está o que te testa e mede e, em vista disso, o que te amadurece a personalidade e mostra como ser feliz, mesmo nos contratempos.

Assim, quando te embaraçarem ou provocarem, consulta o teu íntimo e observa que quanto mais suportas, mais aprendes, que quanto mais te controlas, mais forte és, e, que quanto mais compreendes, mais te alegras.

Engrandece-te com os acontecimentos.

Melhor é a vida de quem aprende a viver.

Valorizar o presente

Não digas: "sou bananeira que já deu cacho, não sou mais como antes, agora nada mais me adianta".
REERGUE-TE.
As mesmas forças de antigamente ainda estão dentro de ti, agora mais sábias e pacientes. Talvez não possas exagerar no físico, mas a tua alma, o teu ser está mais potente do que antes.

Ajusta-te às novas realidades e, dentro delas, manifesta-te forte, alegre e capaz. Não te entregues ao desalento. As forças estão a tua disposição, mas, se não as usas, elas perdem sentido e decaem.

Inicia vida nova.

O teu amanhã está de olho em ti e aguarda que faças, agora, o melhor que possas.

Atrair o que é bom

Se te julgas uma pessoa "azarada", como podes ser feliz?

Quem se vê com "maus olhos", entra em ilusão e gera, para si mesmo, contrariedades e prejuízos, que o levam a se considerar "azarado".

Olha-te com "bons olhos" e lembra que não existe azar ou sorte.

Tu não tens nada de infeliz, bastando que repilas a pecha

de "azarado" e julgues que a ti estão destinadas muitas coisas agradáveis.

Abre-te ao que é bom. Sente o que é bom e positivo dentro de ti, e assim o atrairás, pois o que é bom atrai o que é bom.

Pela porta podem entrar muitas coisas, mas é o dono da casa que escolhe as que lhe convém.

Vencer as dúvidas

Caíste em grandes dúvidas? Mesmo assim, acredita que o alívio, o esclarecimento e a solução vão chegar, como uma pessoa muito esperada que aparece na curva da estrada.

Não te apresses em ter solução para tudo. Todos têm dúvida sobre alguma coisa. O mais importante é estares em paz contigo. Por isso, emprega o teu lado positivo e sê forte.

Crê que a tua disposição, inteligência e poder de luta podem superar, em muito, os problemas que insistirem em te dominar.

Ainda podes sorrir. Espera, que tudo se aclara.

A indecisão ante os problemas é de relativa importância, mas a decisão sobre o que fazer contigo mesmo é urgente.

Superar os medos

Medos e temores? Por que mantê-los?

Eles desaparecem, quando entendes que o mundo te é amigo, que o dia apareceu para ajudar-te, que ninguém quer te fazer mal, e que tuas capacidades vencem as dificuldades.

Assim pensando, surge-te um mundo agradável e receptivo, onde podes enxergar adiante e fazer planos para o amanhã.

Afirma-te, agora, com força interna, e vence as ideias de derrota, futuro escuro ou progresso incerto.

Não temas.

Os rios, quando grandes os obstáculos, avolumam as águas, ultrapassam-nos e continuam o seu curso.

Ter coragem

Estás com medo de viver, de fazer as coisas, de sair à rua?

Em vez disso, crê no poder do teu pensamento positivo. Não temas fazer o que deves, enfrentar o mundo, trabalhar, ter amizades. Põe alegria e fé na tua vida.

Tem coragem.

Tu te sentes bem ou mal, conforme pensas ser bom ou ruim o que te toca. Muda o pensamento, e tudo muda também. Não imagines que algo vem para te prejudicar, que os outros querem te atrapalhar, rebaixar ou infelicitar.

Ergue o pensamento.

É por ver um mundo amigo que você é feliz.

Refazer-se

Ainda que sintas enorme fraqueza e te vejas sem futuro e sem paz, não te admitas sem condições de refazimento.

Examina ao redor de ti e vê a Natureza que, mesmo agredida e usada, prossegue renascendo e embelezando-se. É assim com o sol, a renovar as luzes; o ar, a se desfazer das fumaças, as águas, a se despoluírem; e as árvores, a renovarem suas folhas, flores e frutos.

REFAZE-TE.

Deixa-te preencher de esperança e faze maiores voos do espírito. Abre-te ao amor a ti, aos outros e a Deus, e reconhece as tuas qualidades de vitória.

Tem fortaleza de espírito.

A planta, mesmo no escuro, sente o chamado da luz e rompe a terra.

Feliz agora

Achas que não podes ser tão alegre ou feliz como eras "antes"?

Não penses que perdeste a alegria ou a felicidade para sempre. E nem que "antes", apenas, é que as circunstâncias te favoreciam.

Se, em tempo passado, buscavas dinheiro e o tinhas, ou te divertias e desperdiçavas a saúde, tudo isso era contentamento frágil, ilusão passageira. Agora, podes ser muito mais, podes aproveitar melhor o que és e as tuas experiências, refazer os caminhos, apreciar os momentos com sabedoria, e ser realmente feliz.

Sê, assim, feliz com o "agora", pois o "antes" não te serve mais.

É com a roupa nova que se faz melhor figura.

Momentos complicados

Tudo te parece muito complicado?

Tens problemas financeiros ou outros que te atormentam?

Então, é esta a hora de confiar em ti e de pôr a funcionar a tua inteligência e o teu coração.

Enfrenta o problema com vigor. Dessa maneira, o que é assustador apequena-se, o que aflige foge, e o que é escuro se aclara.

Querendo, modificas o curso das coisas, aprendes e reaprendes, fazes o melhor e concretizas os objetivos. Por isso, mantém a esperança e o otimismo, agora e sempre, sem dar braços ao que seja dúvida ou sombra.

Acredita em ti mesmo e ergue os olhos para os céus. Pensa positivamente, que a solução vem.

Se pensas alto, os problemas não te alcançam.

Quando sai errado

As coisas não saíram como querias?

Achas que deves reclamar, impor direitos e medir as consequências negativas?

Para e pensa. Vê o bom futuro que tens, as tuas qualidades, como podes fazer de novo e melhor, e reconhece-te forte, sem abatimento algum.

Mesmo que não tenhas, de imediato, uma solução para

o que queres, pressente-a e põe-te à espera. Se tens pensamento positivo, o que te vier é sempre bom.

Olha mais longe e não penses em fracassos ou tristezas. Crê na ação do tempo, nas mudanças favoráveis, em ti mesmo, e age tranquilo.

Deus te protege.

Quem confia em si é como o sol, cujas luzes estão sempre acima das nuvens.

Ante as falsidades e acusações

É possível que te tenham feito uma promessa que não foi cumprida; tenham mentido, dizendo ser verdade; tenham escondido o que julgavas ter o direito de saber; tenham te acusado, sem que tenhas tido culpa; tenham atravessado à tua frente, tenham jogado no teu rosto erros do passado e tenham te embaraçado o futuro.

Mas, se nenhum mal fizeste, estás puro diante de Deus.

Acredita que só tu podes atingir a ti mesmo; que só de teus atos prestarás conta; que és livre para a estrada e os pensamentos que te sirvam; que apenas a ti cabe a tarefa de se fazer, de chegar ao teu máximo e de ser plenamente feliz.

Confia em ti e segue firme.

Por ser autêntica, a bússola indica a direção certa mesmo na escuridão da noite.

Força na hora da dor

A hora é de espera e ansiedade?

Diante da doença persistente, do cárcere ou sequestro, da cirurgia delicada, do empobrecimento inesperado ou de uma outra situação de temor, guarda silêncio no coração e confia em Deus.

Ao invés de maldizer os céus e o destino, reflete nos grandes ensinamentos obtidos por sua experiência e coloca-te de pé, mental e espiritualmente.

Deus não te põe nas costas peso maior do que podes carregar, e tudo o que te machuca também te beneficia.

Na hora escura, faze claridade dentro de ti.

"Os grandes navegadores só o são por causa das grandes tormentas", disse um sábio.

Ânimo para vencer

Por que se sujeitar ao desânimo? Por que desprezar a paz de espírito?

Tu tens verdadeiramente as sementes de tudo o que é bom. Dormem dentro de ti as boas ideias, o sentido positivo e o poder de agir.

Por isso, eleva-te!

Enxerga o sol atrás do monte de tuas criações mentais. Pondera seriamente sobre o significado do que fazes e sobre a finalidade da tua vida e toma decisões que não prejudiquem a ninguém. Adota seriedade em relação às coisas espirituais e antevê um amanhã de luz.

Vê longe, não apenas centímetros à tua frente, e entrega o teu espírito para que Deus faça nele a melhor obra.

A luz que está em ti precisa do combustível do teu ânimo.

Dias de luz

Abençoa os teus dias, para que os teus dias te abençoem.

Faze de teu caminho uma senda de luz, para que essa luz te resguarde e não te abandone à dor, à corrupção, ao negativismo.

Desde há muito, sublimes condições de vitória e de vida plena estão em teu interior. Usa desses recursos, com sabedoria, e tudo te será facilitado.

Tem fé e esperança, e os novos tempos serão melhores. Aproveita o melhor de ti, o que mais sabes fazer, e põe-te a agir, que as respostas de Deus virão.

O melhor já está preparado para ti, bastando que o mereças.

Obedecer às leis de Deus

Justificas-te?

Se queres receber proteção e amor, mas te consideras dispensado de fazer isso aos outros, e ainda te achas justo; se te encontras com grandes dúvidas, mas te afirmas verdadeiro; se, ainda que te peçam, te vês sem o dever de dar, e te julgas bom; se, no dia que amanhece, não vês possibilidade de progresso, e ainda assim te consideras otimista; se não enxergas obrigações no trabalho ou no lar, mas mesmo assim te consideras digno; então, é que obedeces a leis próprias e falhas.

Começa, agora, vida nova, e não te justifiques.

Tu precisas das verdadeiras leis – as de Deus – para ser feliz.

Retifica-te.

Por não enxergar direito, o pedestre tropeça nas pedras e se machuca.

Um sentido para viver bem

Se desanimas facilmente e não encontras motivos para ser alegre, se te fechas às boas ideias e sentes no lugar do coração uma pedra, se te é fácil enxergar defeitos nos outros, e tudo te parece sem brilho, reavalia o que fazes.

Retifica o teu modo de ser.

Toma rumo de espiritualidade e grandeza, como o rio

procura o mar, e olha, com positividade, o mundo e as pessoas.

Atua no bom sentido, que a vida se mostra bela. Ama, compreende, rompe o pessimismo, e te descobrirás em paz.

Uma vida melhor te espera.

Viver, apenas, uma pedra ou um inseto o fazem; mas, viver bem é obra de inteligência e amor.

Sentimento é força

As tuas forças sumiram?
As forças deixam-te a impressão de haverem sumido, e não te dispões, por desânimo, a modificar tua situação e resolver conflitos.
Mas lembra-te de que tens a mais poderosa das forças: a do sentimento. Emprega-a numa sentida prece desta maneira:

Senhor Deus, derrama sobre o meu espírito a Tua bênção,

a Tua paz, a Tua fortaleza. Acredito que todo o meu ser recebe, neste instante, as energias que se desprendem de Ti e me vejo renovado, com o interior santificado, e disposto a fazer um bom futuro. Sinto-me, de verdade, melhor do que antes.

As forças do espírito, por serem eternas, não somem nunca.

Esperança

Como está a tua esperança? A esperança tem força. Ela em ti faz brotar uma luz, uma energia, uma paz. Arranca-te de onde estás e coloca-te no ponto mais alto. Transforma-te de empregado em patrão, de pobre em rico e de tristonho em alegre.

Mas, se a ela não dás chance, ela se encolhe e míngua, deixando, em seu lugar, desalento, doença e infelicidade.

É como a água, que, se bem empregada, produz limpeza e progresso, mas, se mantida inerte, é foco de doenças.

Trata bem a tua esperança e põe-te a agir no bom sentido. Esforça-te ao máximo e enxerga uma luz adiante, a guiar-te.

Quem espera, alcança.

A esperança, bem tratada, toma vida e se torna realidade.

Reconhecer-se com poder

Mostra o teu poder.

Se a vida te aperta e amarra, se não consegues ir em frente, e se o que te diz respeito precisa de embalo e melhorias, reconhece, mesmo que a custo, que tens um grande poder.

Basta reconhecer o poder que ele aparece, entra em ação e faz as mudanças necessárias.

Acredita que és forte, és resoluto, és belo e alegre, e

essas qualidades se afloram. Quanto maior a crença, mais elas vêm e te beneficiam.

Retira as nuvens que se antepõem ao teu sol interior e alegra-te com a vitória sobre ti mesmo.

A crença em si próprio desperta poder e traz felicidade.

Aumentar a fé

Aumenta a tua fé.

A fé aglutina as forças do espírito e "remove montanhas", como ensinou Jesus.

Quem a ela se entrega faz da vida de enganos uma vida de certezas e converte a angústia em alívio.

Por isso, abandona o que for medo, ira ou paixão, olha-te com simpatia e desperta as tuas forças. Ativa e põe em execução o que tens de mais positivo e correto, e remove as tuas "montanhas" de contrariedade.

Sempre que necessário, afirma-te com qualidades, ideais, paz e esperança, que eles, uma vez chamados, brotam e te fazem bem.

Os reservatórios da Providência Divina se abrem para os que usam as torneiras da fé.

O sol interior

Há dentro de ti um sol que quer projetar raios o mais longe que puder.

Não ponhas à frente dele um pano de lamentações, revoltas e materialismo.

Deixa-o livre para expandir luz e calor.

Quanto mais creres que tens esse sol e que ele te é vida abundante, mais eliminas a escuridão interior e abres o otimismo e a esperança. Passas a desfrutar de uma paz que jamais esperavas possuir e te aparece um mundo novo, mais claro, mais alegre, que te quer bem.

Acredita no teu sol, põe luz no que fazes e confia no futuro.

Deixa o teu sol interior brilhar e serás o primeiro a ser iluminado.

Conquistar a paz

A tua paz é como o orvalho que cai no silêncio da noite.

Em calma, o de que precisas chega e te traz um bem-estar sem limites. Na tranquilidade, vestes a roupa de espirituali-dade com que te apresentas mais adiante.

Tens grande valor íntimo. Por isso, acalma-te, aguarda a paz e deixa ao tempo o que é dele fazer, sem te preocupares em ser a maior estrela e o maior fulgor.

Reveste-te de humildade, faze todo bem que possas e segue em frente. Com boa vontade, constróis a ti mesmo e eliminas as imperfeições.

A paz é um grande bem.

A paz é de todos, dorme em uns e vibra nos que lhe dão atenção.

Defender a paz

Preserva a tua paz.

É com a paz que sentes a vida mais profundamente, compreendes mais as pessoas e melhor trabalhas, dormes, pensas, ages e amas.

Conserva a tua paz, mesmo que te apareçam complicações, que se instalem revoltas, que percebas o fio da incompreensão, a ponta da ironia e que recebas palavras amargas.

Na hora da contrariedade, defende a tua paz, para que ela te defenda de maior mal.

Lembra-te dos desastres que a irritação acarreta em ti e nos outros, ao arruinar o presente, comprometer o futuro e ceifar esperanças.

A paz que proteges é a que te dá proteção.

Liberdade

Hoje, toma fôlego e dize com convicção:

Vou dar um grito de liberdade e desfazer-me de tudo o que me impede de chegar a Deus e a mim mesmo. Vou abrir o meu coração para o sol da alegria e da esperança, arrumar o que for preciso, plantar sementes boas, preparar o futuro e ver os outros como iguais a mim. Não me contentarei com a vitória do

*mal e da ilusão, ou com a fra-
queza das minhas forças.*

Faze assim. Não percas a oportunidade de arrebentar cadeias negativas e de olhar para a frente com destemor.

Deus te dá, quando ages.

A porta da felicidade se abre com a chave da crença no bem.

Elevar-se

Tu não és apenas corpo, massa, matéria.

Não penses, então: viver, ser útil, desenvolver-me, para quê, se tudo acaba?

És espírito, em caminho para a eterna luz, sabedoria e felicidade. E os genes, as sementes dessa eternidade, já estão dentro de ti. São as tuas qualidades, e aguardam de ti um toque, uma contribuição, para que desabrochem e cresçam.

Não ponhas sobre as tuas qualidades uma pedra ou uma tampa, como são o materialismo, as negatividades e as destrutividades, porque, senão, elas rebentam pelas dores.

Eleva-te. Não és algo grosseiro. A força que há em ti não admite barreiras.

O corpo físico é a tua base de lançamento para o alto, para a felicidade.

Reação positiva

REAGE.
Se sentes o repuxo para baixo, força para cima; se te aparecem as ideias tristes, emprega a alegria; se não te consideram, perdoa; se a saúde física não está boa, lembra que tens a espiritual; se sofres no lar, emprega paciência e compreende; se te falece a fé, qual outro remédio, senão Deus? Se o que queres não é

para agora, agradece os favores do tempo; se, pela frente, vês embaraço, limpa teus olhos, porque, acima de tudo, estás protegido por Deus e podes transformar o que te oprime em ajuda e força para o progresso.

VALORIZA-TE.

Se até o charco produz flores, quanto mais tu, que és centelha divina!

Tudo é um bem para os que sabem ser felizes.

Ânimo forte

Por que andar de cabeça baixa, tristonho?

Sacode a poeira que te impede de ver mais longe e espanta as trevas que te sufocam o espírito.

Como empregas a tua força? O que fazes dela?

Acredita que a tua força é como as águas de um rio: se bem canalizadas, irrigam amplas áreas; mas, se deixadas ao calor, aos detritos e aos espaços abertos, vêm a secar e deixam de produzir benefícios.

Não deixes cair o teu ânimo. Deus, que te vela e sustenta, quer te ver de cabeça alta, alegre e com os passos firmes.

A árvore forte, mesmo sujeita a tempestades, continua produzindo os seus frutos.

Agir

Se te permaneces inerte e descrente, como pode a vida melhorar?

O teu exterior responde conforme o que tens por dentro. Tu és a matriz, o ponto gerador. Basta dares o início, e a situação começa a apresentar mudanças.

Crê nas tuas forças, age com decisão, faze bem feito e espera com paciência: eis a chave do teu progresso e da tua paz.

Sempre que fazes a boa ação, estendes a mão, mostras um sorriso e bons sentimentos, a vida te responde agradavelmente, e os problemas perdem força sobre ti.

Caminha e serve.

Dá o sinal, que a vida te segue.

As boas razões internas criam os bons resultados externos.

Não culpar os outros

A ninguém culpes pelo que te acontece, porque tudo de ti depende.

Se te frustraste, é porque não te preparaste; se esperavas demais, não poderias ser bem sucedido; se confiaste em demasia, puseste pesada carga em ombros frágeis; se as companhias são desagradáveis, é que as atraís; se não tens o trabalho pretendido, não esforçaste o bastante; se és infeliz em casa, não amaste o suficiente; se tudo está embaraçado, é porque embaraçaste as tuas ideias.

Não culpes o mundo.

Sê o construtor das tuas circunstâncias, porque dependem do que és. Reflete, ama e segue em frente, sempre.

O grande redemoinho, na superfície das águas, nasce de pequenina pedra que cai.

Acredita em ti mesmo

Deus te fez de forma maravilhosa. Dotou-te de todas as condições para agir, amar e vencer. Mas precisas acreditar na tua capacidade.

Reflete seriamente sobre isso. Examina-te. Observa se não estás parado, vacilante, medroso. Não faças como os que vivem desalentados, revoltados ou derrotados.

AGE.

Pensa em prosperidade, luz e bondade. Põe-te em ação.

Para ganhar confiança em ti mesmo, afirma ter riqueza interior, fortaleza, beleza, saúde, paz. Lembra-te sempre disso.

Tu és mais feliz quando reconheces ter uma força divina e invencível.

Ter um objetivo

Como atingir um objetivo sem andar na direção dele?

Sem objetivo, as tuas forças não sabem para onde ir e se enfraquecem. Com objetivo, elas afloram, e chegas à plenitude, ao equilíbrio, à felicidade.

Adota um objetivo, um sentido de vida superior que te enfeixe as forças e te faça feliz.

Esforça-te, mesmo que a pouco e pouco, mas sem medo, que

os bons resultados aparecem. Quanto maior o teu empenho, mais facilmente o objetivo se realiza.

Tu és forte. Deus, a suprema força, está contigo.

É para chegar à felicidade que Deus te criou.

Calma

A calma é a solução.

Não te esforces demais, nem lutes desesperadamente, para resolver um problema.

Acalma-te. Lembra que nas mãos de Deus estão soluções em que jamais pensaste, e que o primeiro passo para alcançá-las é a calma.

Trabalha para melhorar a tua vida e a dos outros, esforça-te, luta com vontade, mas não penses que, forçando

exageradamente ou te revol-
tando e agredindo, estás no
melhor caminho. O melhor
caminho é a permanência na
paz, a segurança em si mesmo, a boa intenção e a fé em
Deus.

Administra-te bem.

Quanto mais bem é admi-
nistrada a empresa, menos
problemas tem.

Os teus recursos

Que te falta?

Não vês que já tens dentro de ti os recursos para resolver todas as questões?

Deus não te fez com defeito. Uma voz, a da consciência, clama por dentro de ti, a dizer: "olha-me, escuta-me, segue-me. Não vieste para fabricar amarguras. Vieste para expandir qualidades, agir, crescer na paz e amar".

ACORDA-TE!

Mergulha o teu pensamento em reflexões sadias, vigorosas, confiantes. O mal se desmanchará à tua frente, e erguer-se-á o que é bom e belo.

Confia em ti e em Deus. Apruma-te. Tem mais vigor, energia positiva, vibração amorosa, para colher bons frutos.

Por ser positivo, o sol ilumina sempre.

Problemas

Tu podes resolver problemas. A tua força flui de acordo com a intensidade da tua convicção. Pensa ser capaz de resolver os problemas, e te sentirás bem.

Nem toda situação é problema. O problema é o que resulta da tua apreciação e consideração. Se te julgas sem força ou inteligência para resolver o que tens à frente, isso se torna problema, dificuldade, entrave. Afirma-te com as qualidades e vence os problemas. Fala firmemente:

Sou forte, tenho saúde, tenho beleza, tenho bondade, nada me falta.

Depois, vai em frente. Luta, trabalha, vibra, ama. Nunca desanimes.

O problema não é nada para quem sabe que tem as chaves da solução dentro de si.

Paz nos problemas

É possível que estejas mergulhado naquilo que chamam "problema". E que, pelo que sabes, diante de um problema, é impossível ter paz.

Pensas que tens razões, motivos fortes para justificar tuas apreensões, teus medos...

No entanto, se imaginas ter capacidade de sobra para amassar os problemas, como se amassa uma folha de papel, terás dado o passo para reduzi-los à insignificância.

És maior que o problema, tens força e inteligência; mas, se não as usas, em que podem resultar?

Pauta a tua ação em padrões de firmeza, esperança e paz, e desaba o mundo que te oprime.

A força que há em ti é força de solução.

Ser forte

Se te atormenta o problema, a espera, a dor ou o vexame, busca ser forte. A força, uma vez buscada, tende a se fazer presente e levantar o que encontra derrubado.

Mesmo nos momentos mais tristes, há dentro de ti uma força de alegria, de esperança, de renovação e elevação, esperando, silenciosa, a hora de aparecer.

Quando o momento te aperte, a dor se aproxime e não vejas solução de espécie alguma, confia em Deus, nas forças do teu coração e proclama-te em paz.

Ademais, se te deténs a chocar os ovos da intranquilidade, o que deles pode sair?

A dificuldade te beneficia.

Da cana espremida sai o caldo, e da dificuldade compreendida nasce a paz.

Ânimo sempre

Move o espírito, reconhece as tuas qualidades e solta a tua força e ânimo.

DESPERTA!

Acorda para a realidade. Deus te fez com todos os recursos para progredir e vencer. Não temas, nem te consideres um fracasso.

Tem confiança em ti e nas forças da vida. Levanta-te. Age com vigor e vê como os problemas são menores do que parecem.

Para a ação prática, imagina-te capaz, belo, perfeito, alegre, e essas virtudes se desprendem do teu íntimo, sob as bênçãos de Deus.

Ser feliz é uma questão de orientação e vontade.

Decidir e ser feliz

Se a voz interior te diz CA-MINHA, e ficas parado; se diz VENCE, e te contentas com a derrota; se diz ACREDITA, e te acomodas à descrença; se diz AMA, e preferes o egoísmo; se diz ESPERA, e adotas a impaciência; então, como ser feliz?

Para ser feliz, segue as leis de Deus, do amor, do crescer contínuo, e mantém a alegria e a paz.

Acredita que tua força supera obstáculos, e faze, agora, o melhor que possas. Não esperes para começar amanhã, porque poderás ter esquecido o que agora te propões a fazer.

As dificuldades são nuvens. Surge lindo o sol, quando as nuvens passam.

Fazer o destino

Toma o destino nas mãos.

Não creias, se dizem que o teu destino está nos astros ou em poder de forças invisíveis.

És livre para pensar, e não se justifica a tua queda, a prisão aos problemas, a promiscuidade interior, os caprichos, a desordem emocional, a perturbação de espírito.

LEVANTA-TE!

Dobra os problemas, a pobreza de espírito, a sexualidade desvairada, o vício, a imperfeição, e impõe-te. Estabelece o império do teu pensar positivo e vence, pois que és capaz. Há uma estrela no teu interior.

A vitória te espera por fora, quando te tornas vitorioso por dentro.

Poluição mental

Vês a poluição, nas grandes cidades?

Tal como a poluição existe nas cidades, existe em nós. Nos grandes centros urbanos, a fumaça das fábricas e automóveis, os resíduos depositam-se na atmosfera. E contaminam o ambiente, causando a chuva ácida e as doenças de toda espécie.

Em nós, a poluição são os maus pensamentos, que,

como chaminés, contaminam a atmosfera mental e resultam na chuva ácida de variadas perturbações e enfermidades.

Por nada deste mundo poluas a tua atmosfera mental. Ao contrário, adota pensamentos limpos, elevados, edificadores, que tornam sadio o teu ar.

Sê feliz.

Tu respiras na atmosfera que criaste.

Nas horas difíceis

Problemas de doença, cárcere ou outros, sem solução imediata?

Arrima-te na fé.

Assim como há longas ausências entre pessoas, paradas enormes nos empreendimentos, grandes esperas e momentos que parecem eternidade, assim, algumas vezes, é necessário tempo prolongado para aclarar ideias, fortificar sentimentos e surgir decisões destinadas a durar longo tempo.

Entrega nas mãos de Deus os teus problemas e espera a ação do tempo a teu favor.

Quando mais sabes esperar, menos a dor tem domínio sobre ti.

Uma fé forte dá gosto à vida.

Pensar positivamente

Tudo está escuro, "amarrado" e emperrado?

Mas, que tal pensar que, o que te parece escuro está claro, que o que se mostra "amarrado", está desamarrado e que o que se aparenta emperrado está desemperrado e fácil?

As complicações da vida resultam do que imaginas sobre os fatos, da forma como os tratas.

Mesmo que tudo venha de roldão, espremendo-te, como um rolo compressor, adota pensamentos positivos e dinâmicos, que facilitem as coisas, desamarrem e desimpeçam, e confia no amanhã.

Quem vive às claras não vê escuridão e, quem se desamarra, liberta-se.

Ânimo da dificuldade

Estás diante de uma grande dificuldade?

O que tens a vencer é maior do que as tuas forças?

Mesmo assim, toma fôlego, preenche-te de nova disposição e parte para a luta, sem medo. Enquanto te achas fraco e pequeno, o problema se mostra resistente e insolúvel; mas, se te revestes de coragem, a situação se inverte, e surge a tua vitória.

Desde o primeiro instante, mentaliza a ti mesmo como vencedor, solucionando o problema, reduzindo-o a pó. E assim a realidade te será favorável.

Se preciso, sê como o bambu que verga ao vento, mas não se quebra.

A maior vitória é estar certo de que se pode vencer.

Ser otimista

Se o otimismo vem e diz "acredita em ti e age" e o pessimismo diz "para quê?", qual dessas vozes segues?

O pessimismo gera doenças e infelicidades, mesmo quando assume a aparência de um justo comodismo ou preguiça.

Ainda que te demande esforço, sê otimista e encontrarás, mais à frente, os frutos dos teus esforços. A vida traz à tua mão o que mais necessitas, na hora mais certa. Crê que o que diz respeito a ti caminha para melhor, sê alegre e sustenta, com garra, o teu otimismo.

O teu otimismo é a tua salvação.

Até o chão é otimista, pois faz crescer a semente.

Fortaleza interior

Se queres a prosperidade, a alegria, a saúde – o que é natural – acredita que és capaz de obtê-las, aceita-as e segue-as em seus cuidados.

Defende-te dos maus pensamentos!

Para aproveitar os novos dias, fortalece o teu íntimo, crendo na força do teu "eu", da tua inteligência, do teu espírito.

Faze-te nova pessoa, que os tempos surgem novos.

Quanto mais confias no que fazes, dizes e compreendes, mais firmes se tornam para ti a esperança, a alegria e a paz.

Crê na felicidade, mesmo nos momentos difíceis.

És como o diamante, que, lapidado, mostra resistência, beleza e valor.

Descobrir-se

Como descobrir o valor da vida?

A tua vida é algo superior, indefinível, mas tu precisas aceitá-la e enriquecê-la, a fim de que ela te mostre o seu valor.

Descobre-te, e, como resultado, aparecem-te alegria, saúde, beleza e felicidade.

E, se é assim, por que desprezar o interior?

Volta-te para dentro, preserva o coração e vê ali uma força que quer se manifestar, aparecer, brilhar, resolver problemas, perdoar ofensas, despertar espiritualidade e fazer um progresso integral.

Oxigena-te e aprofunda-te na vida.

Melhor descobre o fundo das águas quem tem mais oxigênio.

Ânimo para melhorar

Os tempos estão aí, e indagas:

— Que adianta esforçar-me para ser melhor, se as coisas boas nunca me acontecem? Que me adianta ser bom, se o mal sempre vence? Não é melhor viver como quer o mundo?

Quando estás "embaixo", não percebes como é "em cima"; mas, experimenta e verás.

Ao experimentar a alegria, o otimismo, a esperança, terás surpresas verdadeiramente agradáveis. E, se conservas o pensamento no alto, o otimismo na ação e a alegria no coração, surge-te um mundo novo, de onde jamais desejas sair.

O que é bom também te acontece.

No rio da vida, os otimistas são os melhores nadadores.

Progredir

Vês em ti novos tempos?

Para que novos tempos de paz, alegria e prosperidade vinguem, trabalha contigo mesmo, usa boas ideias, apara defeitos e corrige erros.

Faze nascer o sol interior.

O exterior – que tu vês, segues, e sobre o qual ages – nada mais é do que reflexo do teu interior, pois, como pensas, assim ele é.

Usa o poder que tens.

Agora, é o momento de fazer os projetos de elevação, prosperidade e paz maior. É a hora de olhar para dentro e enxergar ali uma luz, uma força e vigorosas condições de progresso.

Para se embelezarem, as árvores trocam as folhas e, as pessoas, as ideias.

Cuidar do interior

Se, no teu mais íntimo, consideras-te pobre, a riqueza, por mais que queira, fica impedida de te aparecer; se te consideras fraco ou indefeso, a fortaleza, por mais que force, não encontra meios de firmar-se em ti; se te consideras doente, a saúde, por mais que te ronde, não pode achegar-se a ti; se te consideras feio ou defeituoso, a beleza, por mais que tente, não chega a se fixar em ti; se te consideras triste, a alegria, por mais que se esforce, não logra manifestar-se em ti; e, se te consideras mau, a bondade, por mais que intente, não consegue tocar o teu coração.

O que aceitas, o que dizes e repetes vira lei para ti.

Cuida do teu íntimo.

A vida te responde de acordo com o que aceitas no teu mais íntimo.

A semente interna

Há uma boa semente dentro de ti.

Se a tratas com pensamentos construtivos, ela responde com alegria, progresso e paz; mas, se com ela tens descuido, ou se a violentas, ela se encolhe e míngua.

Por que desprezar a semente interior?

Ela é Deus dentro de ti, pedindo que O deixes mostrar

luz, exemplo, alegria, progresso, e aumentar o que tens de bom.

Acredita nessa semente, põe sobre ela a tua esperança e o teu agir, que ela cresce por si mesma e te responde com paz, fortaleza e vida abundante.

Uma semente bem tratada é segurança de boa colheita.

Agradecer

Tens agradecido?

Não agradeças somente o que te beneficia. Isso muitos fazem.

Agradece as dificuldades, e elas não te atingem porque ficas acima delas. Se lamentas, é porque estás abaixo, e, então, as dificuldades se aprofundam em ti.

Abre o coração e afirma serem os problemas menores do que as tuas forças. Tem fé, acredita num dia melhor, numa hora melhor, e põe-te a viver sem medo.

O agradecimento é a tua força. Agradecendo, aures força para prosseguir, e nada te assusta.

É sábio quem vê nas dificuldades uma oportunidade de crescimento.

Aumentar a compreensão

Não reduzas a tua compreensão.

Não penses que só podes ser ou fazer de uma única maneira, e não te prendas nem sofras. "Há muitas moradas na casa do Pai", disse Jesus, ensinamento que também significa as muitas posições da mente humana.

Transforma-te.

Muda o que for preciso, desata as correntes que impedem o teu bem-estar, a tua luz e progresso, e inicia vida nova.

Vê amplas as tuas condições, escolhe as mais favoráveis e inicia novos procedimentos. Existem mais portas abertas para ti do que imaginas.

Todo pensamento construtivo é uma porta para a felicidade.

Querer é força

Se gostarias de estar numa posição e estás noutra, ou se caminhas sem horizontes, presta atenção nas tuas qualidades e retifica a maneira de pensar.

Poderás dizer que as tuas habilidades não têm surtido efeito e que, por isso, não podes confiar em ti e seguir avante. No entanto, como um vulcão que volta à atividade, joga para longe as velhas e deterioradas ideias, e acredita que, querendo, podes fazer tudo de forma nova, correta e elevada.

Usa o teu poder. Se apagaste uma luz, acende outra. Se desprezaste a tua força, volta a usá-la.

Acorda para a felicidade.

O vulcão que volta à atividade é sinal de força no interior da Terra.

Perda e conquista

Perdeste algo importante?
Não julgues impossível viver sem o que perdeste.
Todos perdem.
A perda é parte do processo de transformação da vida. A semente perde a si mesma para se transformar em flores e frutos. O ser humano deixa o corpo para brilhar mais além.
Perder é também conquistar.
Mas, dizes, como reaver o meu parente querido? Como

ter novamente os bens perdidos? Acredita que nada perdeste, pois, quem pensavas ter morrido, vive, e os bens voltam de outras formas.

A vida se transforma para melhorar.

A lagarta aceita seu casulo porque quer ser borboleta.

És como te vês

Como te vês?

Se te vês infeliz, chamas a infelicidade para perto de ti; se te vês arruinado, a ruína passa a ser tua companheira; se te confessas descrente, a descrença se firma dentro de ti; mas, se te vês saudável, a saúde se instala em ti, e, se te afirmas feliz, a felicidade te faz companhia.

Mas, o que é a felicidade?

Felicidade é ver em tudo um ensinamento: na perda, um ganho maior; nos sentidos do corpo, preciosos dons; na ação, uma fonte de riqueza; no lar e nos amigos, uma bênção; e, no existir, uma sublime oportunidade dada por Deus.

Como te vês, assim és.

Na lavoura, o lavrador sente o aroma conforme o que planta.

Amigo de si mesmo

Não sejas carrasco de ti mesmo.

Sê amigo de ti mesmo e deixa livre as forças do teu espírito, para que a tua luz brilhe.

Disciplina-te.

Tornas-te carrasco de ti mesmo, se te entregas à descrença, ao nervosismo ou ao desânimo, que te estragam a esperança e a paz. Se te achares sem forças, arranca do fundo do coração uma prece, assim:

Deus, anima o meu espírito. Toca no mais profundo de mim e abre-me à compreensão, à esperança e à paz. Ao pensar em Ti, desaparecem as minhas fraquezas, e tudo me é agradável.

Trata-te bem.

Quem maltrata a flor, prejudica o fruto.

Cuidar da saúde

Sentes-te ameaçado pela doença, ou queres aumentar a saúde?

A doença é sintoma, um expurgo e uma limpeza de algo grave que acontece no mais profundo, na intimidade do ser.

Para obter uma melhoria no mais íntimo, põe-te diante do espelho, faze de ti uma boa imagem, olha no fundo dos teus olhos e dize:

O Deus de beleza, alegria e vida está vibrando dentro de mim, abrindo-me os caminhos, construindo-me a luz, a vitória total, a saúde integral, a felicidade. Acredito sinceramente nisso.

Faze assim e cuida de ti.

Uma casa abandonada é um atrativo para ladrões e invasores.

Andar e alcançar a paz

Estás cheio de problemas?

Sai a andar e desanuvia a cabeça.

Põe-te a caminho e olha para cima, para os lados, para a terra. Entrega-te ao caminhar e, à medida que andes, convence-te de que te encaminhas para algo melhor. Enche de ar puro os pulmões e, a cada passo, imagina que

em ti entra a força para trabalhar e fazer bem feito, a
solução para os problemas, a
calma nas decisões, o melhor
relacionamento com os ou-
tros, a clareza nos objetivos,
a compreensão das coisas, o
aumento da liberdade, da esperança e da paz.

Enquanto caminhas por
fora, caminhas por dentro.

A felicidade, para ser ver-
dadeira, anda com um pé na
alegria e outro na dificuldade.

Relaxamento

Estás na intranquilidade? Relaxa-te.

Senta-te comodamente, recosta a cabeça, solta os braços e as pernas, e respira profundamente várias vezes. Aspira o ar, prende-o e solta-o. Ao aspirar, imagina, com calma, estar "recebendo" tudo o que te faz feliz, e, ao expirar, que de ti "sai" o cansaço, o mal-estar e o desânimo.

Idealiza totalmente descansados o corpo, a mente e o coração. Pensa demoradamente em todas as partes do corpo e, uma a uma, sente-as relaxadas, dos dedos dos pés aos fios de cabelo da cabeça.

Desfruta do relaxamento e volta à normalidade vagarosamente.

Um bom relaxamento é um mergulho na paz.

Sempre alegre

Estás triste?

Não te entregues ao desgosto. Observa a origem dele, pois, quase sempre, vem de tua falta de conformação ou paciência, do estrago no relacionamento com os outros, do agasalho dado ao nervosismo, e do desprezo à paz íntima – coisas que podes evitar.

Administra-te melhor, vence os instintos e usa os teus valores.

Não sacrifiques a tua alegria. Dá chance à tua alegria e pensa no amanhã, na construção de uma vida melhor, e preserva-te de abalos.

Crê em ti e afirma-te.

Apesar da morte próxima, Jesus pregava as glórias de Sua ressurreição.

Conter os impulsos

Se alguém te "bate de frente" e diz palavras que não mereces, não ajas sob o domínio do impulso.

Conta até dez... ou até cem, e deixa a forte emoção se esvair.

Se ainda restar mágoa, procura extingui-la, e compreende as razões do adversário. Do que te contraria e faz sofrer nasce a experiência, a alegria de ser forte nas horas difíceis e a oportunidade de conquistar o coração adversário com o bom exemplo.

Os outros precisam da paz que sai de ti.

Domina-te e ajuda-os.

É na hora da prova que aparece o valor do espírito.

Um banho reconfortante

Aproveita o teu banho.

Ao tomares banho, considera que cada gota de água é presença de Deus a te beneficiar com saúde, força mental e espiritual, beleza e paz.

Ao te enxugar, pensa estar limpando teu corpo e espírito. Em seguida, de roupa, põe-te frente ao espelho, mira os teus olhos e reconhece-te cheio de virtudes e disposição para bem agir.

Olha com simpatia a tua pessoa integral e dispõe-te a usar o tanto de bom que és, a alegria que carregas no coração e as possibilidades de amplo progresso.

Um bom banho é força e vida.

É muito melhor o banho que, além do corpo, limpa também a alma.

Usar bem o espelho

O espelho te ajuda, bastando que saibas usá-lo.

Sempre que possível, achega-te ao espelho, olha no fundo dos teus olhos, pensa em Deus e, depois, afirma vigorosamente:

Estes olhos mostram uma grande capacidade, uma profundidade, uma paz, uma beleza, uma luz. Neles está uma força poderosa. Podem resistir aos contratempos, descobrir as soluções que se escondem, vencer desafios, gerar otimismo, alegria, esperança, e fazer a vida feliz.

Se pensas em Deus, quando olhas para ti, Ele aparece nos teus olhos.

Faze esse exercício, dize o que de melhor esperas e confia em ti.

O que vês nos teus olhos a vida confirma e realiza.

Iniciar a transformação

Queres levantar as tuas forças?

Então, inicia com o primeiro passo, com o primeiro pensamento.

Sustenta os pensamentos de crença em ti e na solução de teus problemas e não deixes escapar o bom início de mudança.

Toma, pois, a decisão. Uma transformação, mesmo pequena, um pequeno bem, agora, é o pouco do muito que vem a te favorecer adiante. Dá o começo, que as tuas forças, que sentem um aviso e um estímulo, unem-se para algo maior à frente.

Faze assim.

São os filetes de água que, ao se juntarem, formam os grandes rios.

Libertar a alegria

Solta a alegria.

Se impedes a alegria, ela, de tanto ser contida, perde força e desaparece.

Ainda que não estejas contente, força a vinda da alegria. Se te acostumas a ser alegre, a alegria vem fácil.

Evita as ideias negativas.

Não é por teres percalços, dificuldades e problemas que deves ser triste. As pessoas fortes são alegres também na adversidade; e as fracas, mesmo na abundância, de tudo reclamam.

Mostra o que tens de bom.

A roseira, mesmo cheia de espinhos, estampa as rosas.

Alimentar a alma

Tens fome interior?

Fome de paz, de superar problemas, de construir uma vida mais ampla, limpa e arejada, de se fazer compreender, de levar aos outros o que de bom tens guardado dentro de ti?

Se queres matar a fome interior, esvazia o teu espírito do que seja inércia, pessimismo ou revolta e põe em prática ideias positivas.

Crê que Deus te fez para vencer, para iluminar e viver em paz e usa as tuas capacidades, antevendo, mais à frente, uma grande felicidade.

Luta pela paz interior.

O bom pensamento é o alimento da alma.

Aprender a dizer sim

Se desde a infância ouves "não podes isto, não podes aquilo" e muitos outros "nãos", vence a tendência e dize "sim".

Se usas daqueles mesmos "nãos" que ouviste, a vida também te diz "não", tolhe as tuas oportunidades no agora e fecha-te o futuro.

Dize "sim" para a vida e para ti mesmo, sempre e sempre. Um "sim" para o entendimento, para ajudar a si e aos outros, para a alegria e cancela os "nãos". O "sim", que repetes, abrirá o "sim" do mundo para ti, e ouvirás "sim" pelos caminhos, facilitando-te ser alegre e saudável.

A felicidade pede o teu "sim" para se aproximar.

O "sim" de Maria ao Anjo trouxe Jesus ao mundo.

Empregar a energia positiva

Recarrega as tuas energias. Se o descontrole emocional, a ira ou a paixão desgastam as tuas energias, recarrega-as com o poder do teu pensamento positivo.

A energia positiva que carregas é muito maior do que qualquer outra, e opera prodígios a teu favor e a favor dos outros.

Não te acomodes com a tristeza ou com o desânimo. Dispõe-te a olhar para frente com esperanças, a te ver com satisfação, a crer no poder divino e nas tuas boas condições de progresso, e, assim, estarás recarregando as tuas baterias íntimas.

Mantém-te calmo.

Por saber-se profundo e poderoso, o oceano mantém-se calmo.

Não dar ouvidos a fofocas

Magoou-te o que disseram a teu respeito?

O que dizem é problema dos outros, que terão que dar contas a Deus.

Quanto a ti, acredita, em primeiro lugar, nas tuas próprias qualidades, na tua força, nas tuas habilidades para resolver problemas, sair de emboscadas, derrotar ardis. Não dês motivos para o mal.

Não percas tempo com falatórios.

Tens mais o que fazer; construir o teu caminho de vida, cultivar a energia para a vitória, crer em ti e em Deus.

Fortalece-te.

Não é por ter problemas que o homem é infeliz, mas por sentir-se sem condições de resolvê-los.

Suícidio: o maior dos erros

Suícidio?

Nem pensar.

É terrível julgar-se aniquilado, e ver-se vivo no plano espiritual, porém mutilado e louco, após ter perdido a maior de todas as boas chances: a vida no corpo e suas inumeráveis vantagens.

Fora isso, que tal aprender a viver e a procurar a paz?

Mesmo que o mundo desabe sobre ti e que te sintas sem rumo e sem forças, acredita no potencial da vida e de Deus, faze silêncio e espera. Uma luz sempre vem mais a frente.

A maior dor que existe é a de perder a oportunidade de ser feliz.

Ter paciência

Não sejas "estopim curto".
Por causa do "estopim curto" o lutador perde a luta, e o comerciante, a freguesia; o doente abandona o tratamento; a mãe maltrata o filho; o casal se separa; e muitas outras coisas mais.

Com paciência, no entanto, o artista termina a obra, o negócio prospera, a saúde retorna, o bem se efetiva, a paz retorna ao lar, e tudo prossegue em paz.

Domina os teus nervos. Quando o sangue fervilhar nas veias, cala-te e espera a "onda" passar.

Tem paciência.

Por se achar muito próximo da bomba, o "estopim curto" é o primeiro a ser atingido.

Sentir-se feliz

Sabes que és feliz?

A felicidade tem que ser aceita interiormente. És tu que te julgas com ela, que a sentes, que a pões onde queres, combinando-a com o que tens à mão, com o que dizes, fazes ou esperas.

Ela se parece com uma estrada que fazes ao andar, porque não existe por si. É um condimento para temperar o teu dia a dia, ou uma escada, onde sobes para ver mais longe.

Quem se considera feliz, não se desorienta, pois sabe que tudo lhe é um benefício, e mantém plena atividade.

Confia nos teus valores, que a felicidade aparece.

As pessoas felizes nem sempre sabem que o são, porque a felicidade não tem peso; mas, os infelizes sabem, porque a infelicidade pesa.

Atingir a vida saudável

Combate o desânimo.

A tua vida tem finalidade, como tudo o mais. Se impedes o fim nobre, crias dificuldades para ti.

Uma vida sem finalidade é como um rio que nasce ativo nos altos da montanha, desce-a com o ímpeto de ser útil, mas que, ao atingir a planície, por não encontrar um leito, deixa as suas águas se espalharem no vazio, evaporando-se. É como aprontar-se para uma viagem sem saber para onde ir, é andar sem rumo.

Para que te completes, idealiza uma vida saudável, confia nos teus valores, roga a Deus proteção e segue avante com disposição.

O desânimo é um veneno que mata; e o ânimo, um alimento que fortalece.

Firme na esperança

Nunca percas a esperança.
Viver sem esperança é enfraquecer-se, destruir as oportunidades, antes que venham, andar sem rumo, abrir as portas ao desânimo e ao sofrimento.
Toma ânimo e desenha na mente um futuro de paz e realização. Acredita estar marchando ao encontro da felicidade. Levanta a cabeça. Uma